W0045475

Iris

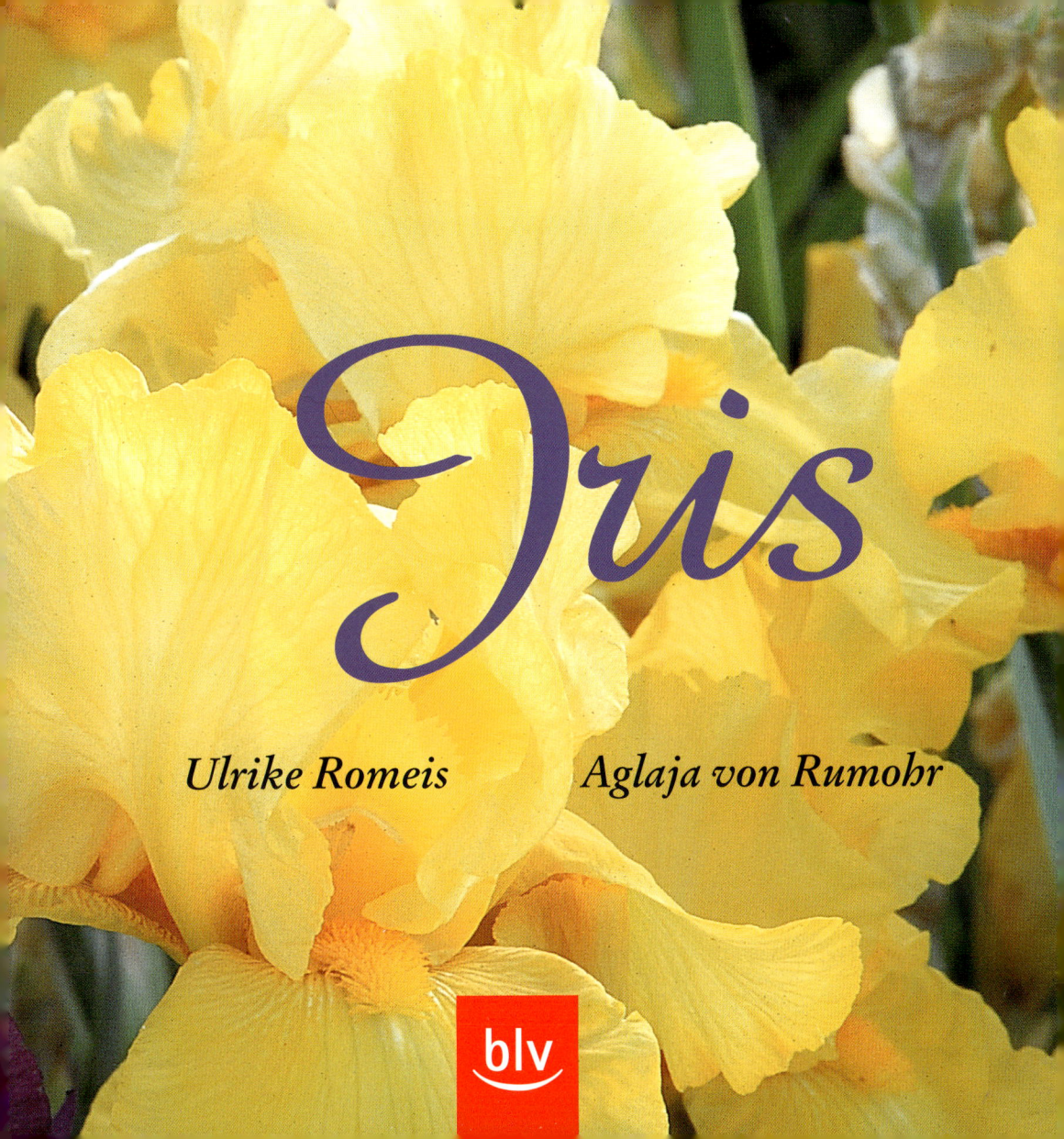

Iris

Ulrike Romeis   *Aglaja von Rumohr*

blv

Danksagung

Der besondere Dank der Foto-
grafin gilt Frau von Rumohr,
die mit ihrem aktiven Engage-
ment dieses Buch erst ermög-
lichte, sowie den Gärtner-
meisterinnen Susanne Weber
und Brigitte Stürzenhofegger
für ihre detaillierte fachliche
Beratung und Unterstützung.

Ulrike Romeis

INHALT

Einführung

Iris – die Blume, deren ungeheure Farbigkeit fast nicht zu beschreiben ist. Sie hatte schon in den alten Zivilisationen des Mittelmeerraumes eine vielfältige Bedeutung. Eine der ältesten Darstellungen findet sich im Palast des Minos in Knossos in zwei Fresken: »Der Prinz der Lilien« (zeigt *Iris xiphium*) und »Der blaue Vogel«, der mit kleinen Iris verziert ist, die sicher der Art *Iris unguicularis* angehören. Der Schätzung nach stammen diese Werke aus der Zeit um 1500 v. Chr.

In der griechischen Mythologie war Iris eine graziöse Göttin, die Botin der Götter, die durch das Auseinanderfalten ihres Schales den Regenbogen »produzierte«. Die alten Griechen waren so berührt vom Farbenreichtum der Irisblüte, dass sie ihr den Namen der göttlichen Personifikation des Regenbogens gaben. In Ägypten erscheint die Iris im botanischen Garten des Tempels von Karnathz (1510 v. Chr.). Für die Ägypter der Antike war sie ein Symbol der Majestät und Würde. Bei den Römern ist die Iris der Göttin Juno gewidmet und hat ihre Bedeutung im Bestattungsritus. Noch heute ist sie in der orientalischen Welt mit dem Totenkult verbunden.

Es ist überliefert, dass Moses zwischen Iris gefunden wurde, die als Botin der Götter mit einer gewissen Zungenfestigkeit ausgestattet war, weshalb er so redegewaltig zwischen Gott und den Israeliten vermitteln konnte. So erklärt sich auch, dass man Kinder beim Zahnen auf Iriswurzeln beißen ließ, damit sie schneller die Gabe der Rede erlangten.

So unglaublich es scheint, diese Vase habe ich im August gerichtet – die weiße Iris 'Lugano' und die blauviolette 'Lovely Again' blühen bereits ein zweites Mal und duften mit Phlox und Herbstanemonen um die Wette.

Warum man von »Bartiris« spricht, ist an diesem Detail der Sorte 'Helène C.' gut zu erkennen.

Geschichte und Kunst

Die klare Form der Iris-Blüte war es wohl, die sie zum Objekt der Heraldik werden ließ. Allbekannt ist das Wappen von Frankreich, Florenz und der Jungfrau von Orleans. Es zeigt nicht die Lilie, wie häufig behauptet wird, sondern – die Iris.

Auch in der Kunst finden wir zu allen Zeiten Darstellungen der Iris. Besonders in der Malerei ist sie beliebt wegen ihrer unendlich vielen Blautöne – der Farbe, die seit jeher fasziniert und mit Sehnsüchten, Träumen und großer Symbolkraft verbunden zu sein scheint. Im Jugendstil wird die Iris in besonderem Maße vielfältigst dargestellt, in Skulpturen und Gemälden bis hin zu Möbeln, Vasen, Lampen und anderen Gegenständen des täglichen Lebens.

Noch im 19. Jahrhundert wurden in Frankreich große Weine mit Iris parfümiert. Auch als Nahrung gibt die Iris einiges her! In England wurden im 19. Jahrhundert geröstete Samenkörner von Iris pseudacorus zum Kaffee gereicht. Natürlich spielte die Iris immer schon eine wichtige Rolle bei der Parfümherstellung. Bereits im 13. Jahrhundert wurden um Florenz herum Iris für diesen Zweck kultiviert. Noch heute ist sie wichtiger Bestandteil in einigen der berühmtesten Parfüms, z. B. Homme (Versace), Anais Anais (Cacharel), Chloe (Lagerfeld) und Chanel No. 5.

Iris im Garten

Wer heute in Farben schwelgen will, sei es im Garten oder mit Blumengestecken im Haus, für den ist die Iris mit ihren verschiedenen Arten und Sorten ein unerschöpfliches Reservoir. Am bekanntesten sind die Bartiris. Sie werden in drei Gruppen aufgeteilt – die hohen Bartiris (*Iris*-Barbata-Elatior-Hybriden), die Gruppe der mittelhohen Formen (*Iris*-Barbata-Media-Hybriden), auch Border- oder Intermedia-Iris genannt, und die Zwergiris (*Iris*-Barbata-Nana-Hybriden). Die Blütezeit beginnt bei den Zwergiris bereits Anfang April, die Intermedia-Sorten folgen dann gegen Ende April und – je nach Witterung – blühen die hohen Bartiris ab Mitte Mai.

Manche der neuen Züchtungen haben in einer einzelnen Blüte ein ganzes Farbspektrum, andere sind zweifarbig, mit andersfarbigem Bart, mit abgesetztem oder punktiertem Rand. Selbst die Form der einzelnen Iris-Blüten kann sehr unterschiedlich sein – straff oder geschwungen, bescheiden zierlich oder großartig und elegant.

Zu der schier unerschöpflichen Farbenvielfalt kommt noch eine Vielzahl an unterschiedlichen Zeichnungen hinzu. Eine Besonderheit sind hier insbesondere die Plicata-Iris, deren Dom- und Hängeblätter auf hellem Grund eine dunklere Umrandung haben, was etwa bei 'Going my Way' deutlich sichtbar wird. Variegata-Sorten wie etwa 'Dazzling Gold' bestechen durch

'Antique Ivory' ist eine besonders reich blühende Sorte, deren elfenbeinfarbene Blüten mit dem zitronengelben Rand einen sehr frischen Eindruck machen. Mit nur 70 cm Höhe kann sie gut auch im Vordergrund eines Beetes stehen.

Diese sehr elegante Farbkombination von 'Vigilante' mit dem Goldschimmer auf den hellbraunen Domblättern und den tief schwarzbraunen Hängeblättern könnte man sich gut als edles Herbstkostüm vorstellen.

ihre gelben Dom- und braunroten Hängeblätter. Die Bartiris besitzt zu allem Überfluss auch noch einen wunderbaren Duft, der von Sorte zu Sorte variieren kann, immer aber betörend ist.

All diese Pracht und Farbigkeit kann wunderbar auch in Sträußen zusammen mit anderen Blüten in farblicher Harmonie oder aufregend dissonanten Farbklängen zur Geltung gebracht werden.

Bekannt sind ungefähr 200 verschiedene *Iris*-Arten, nur wenige davon sind allerdings in unserem Klima gartengeeignet. Die meisten sind in ihrer Verwendung im Garten völlig unproblematisch, obwohl sie in jeder Pflanzung die Highlights während ihrer Blütezeit darstellen. Ganz gleich, ob es sich um die hohe Bartiris handelt, die durch ihre Gestalt und Eleganz, ganz besonders aber natürlich durch den Farbreichtum fasziniert, oder um die niedrigen Zwergiris, die diese Rolle überzeugend im Steingarten spielen. Beide Gruppen wünschen sich viel Sonne und einen durchlässigen, leicht humosen Boden sowie einmal im Frühjahr eine leichte stickstoffreduzierte Düngergabe.

Hier zeigt die wunderschöne, rein weiße 'Leda's Lover', dass sie sich gerne mit einem zurückhaltend eleganten Hofstaat umgibt – der zarten *Crambe cordifolia* und einer *Artemisia ludoviciana* 'Silver Queen'.

Hohe Bartiris

Die hohe Bartiris ist sicher die bekannteste Art aus der gesamten Iris-Familie. Der Name Bartiris bezieht sich auf den Bart der Hängeblätter – die Einflugschneise für bestäubende Insekten. Die Blüte selbst besteht wie bei allen Iris aus den hoch stehenden so genannten Domblättern und drei Hängeblättern. Die Bartiris ist trotz ihres eleganten Aussehens und der großen Schönheit im Umgang sehr bescheiden. Sie wünscht sich gut durchlässigen Boden – da das Rhizom bei Staunässe leicht fault – und einen sonnigen Standort.

Der Reichtum an schier unermesslichen Farbnuancen zeigt sich ganz besonders bei den Blautönen.

Aglaja
von Stein

Die letzte Iris-Züchtung meiner Mutter erfreut immer noch durch die sehr gute, feste Form und das schöne klare Lachsrosa. Da sie nicht sehr wüchsig und relativ niedrig ist, kann ich sie mir gut im Vordergrund einer Rabatte vorstellen, vielleicht mit Weiß oder zarten Cremetönen kombiniert.

Zeppelin (D, 1962)
Blütezeit: früh bis mittel
Höhe: 50–60 cm

Andalou

Diese Sorte spiegelt die Wärme des Südens Spaniens mit großer Leuchtkraft und klarem Kontrast wieder – dazu kommt ein Duft nach Zitronenkuchen! Hier darf man bei der Wahl der farblichen Partner nicht zimperlich sein. Gestalterischer Mut ist gefragt, um diese Farbenpracht aufzufangen.

Cayeux (F, 1995)
Blütezeit: mittel
Höhe: 80–90 cm

Bal Masqué

Eine typische Cayeux-Züchtung: die französischen Farben in aufregendem Kontrast, mit weißen Domblättern, blauen Hängeblättern und dem Bart in leuchtendem Rot! Die weißen Adern auf den Blättern bewirken, dass man sich die Blüte aus der Nähe betrachten muss und so auch in den Genuss des zarten Duftes kommt.

Cayeux (F, 1991)
Blütezeit: mittel
Höhe: 80–90 cm

Batik

Die äußerst originelle Zeichnung von Streifen und Tupfen ist hier das Besondere, sie fällt auf jeder Blüte etwas anders aus. Das macht den Gesamteindruck dieser Sorte zwar etwas unruhig, Sammler und Liebhaber ausgefallener Züchtungen finden aber durchaus einen Platz, wo sich diese zart duftende Persönlichkeit austoben kann.

Emminger (USA, 1966)
Blütezeit: früh
Höhe: 70–80 cm

Copper Classic

Zartes Kupferrot und kupfernes Orange mit mandarinfarbenem Bart ergeben eine unglaublich elegante, warmtonige Erscheinung. Dieser nach weißen Lilien duftenden Schönheit würde ich einen farblich dezenten Hofstaat geben.

Roderich (USA, 1979)
Blütezeit: mittel
Höhe: 80–90 cm

Cimmaron Strip

Diese alte Sorte hat noch immer großen Charme. Sie blüht außerordentlich reich, und die eher kleinen Blüten eignen sich gut zum Schnitt. Bei Gartenbesitzern, denen manche Neuzüchtungen zu groß und auffällig sind, gehört sie mit zu den Favoriten.

Tompkins (USA, 1968)
Blütezeit: mittel
Höhe: 80–90 cm

Dazzling Gold

Sehr apart wirken hier die fast tigerartig gestreiften Hängeblätter zu dem reinen warmen Gelb des aufrechten Domes. Beglückend ist die fast schwebende Form und der zart blumige Duft. Diese Sorte würde ich mit warmen Rost- und Orangetönen kombinieren.

Anderson (USA, 1981)
Blütezeit: mittel
Höhe: 70–80 cm

Footloose

Hier ein Beispiel für eine Plikata-Iris: Wunderschön bewegte Blütenblätter in Rosenholz-Zimtfarben sowie eine insgesamt sehr zarte und duftende Erscheinung. Prachtvoll wirkt sie im Beet zusammen mit edlen weißen Blüten und graulaubigen Begleitpflanzen wie Wollziest oder Katzenminze.

Schreiner (USA, 1993)
Blütezeit: sehr früh
Höhe: 80–90 cm

Du bist die Iris;
schön wie die Schönsten anzuschauen,
Wenn du mit gold'nem Botenstab
geschmückt
Auf blauen Flügeln eilst herab
von Himmelsauen.

Henry Wadsworth Longfellow (1807-1882)

Iris eignen sich wunderbar für Sträuße, am besten, wie ich finde, mit entsprechenden Begleitern. Die verschiedenen Blautöne kann man am schönsten mit den rosa Farben der zeitgleich blühenden Pfingstrosen kombinieren. Im Bild unterstützen Flieder und Akelei die Wirkung. Graue Hosta- und Artemisiablätter runden das Bild ab und verstärken die elegante Wirkung. Übrigens: Die einzelnen Stiele richte ich in weithalsigen Vasen gerne mit Hilfe von Hasendraht.

Gala Madrid

Bei dieser Blüte sieht man, was züchterischer Mut bewirken kann: Das Ergebnis ist eine erstaunliche Farbkombination, mit dem gelben Dom und den weinroten Hängeblättern mit braunem Rand. Warum sollte man nicht einmal ein buntes Iris-Beet nur mit einer grauen Unterpflanzung planen? 'Gala Madrid' würde dort hervorragend passen.

Peterson (USA, 1968)
Blütezeit: mittel bis spät
Höhe: 60–70 cm

Going
my Way

Eine weitere Plikata-Iris,
diesmal mit Weiß.
Diese Sorte ist eine überaus
elegante Erscheinung, die ich
mir gut in einer Kombination
mit edlen Pastelltönen und
natürlich wieder graulaubigen Begleitern vorstellen
kann. Die gedämpften Töne
bringen die edel wirkenden
Farben am besten
zur Geltung.

Gibson (USA, 1972)
Blütezeit: mittel bis spät
Höhe: 80-90 cm

Impromptu

Diese alte Züchtung meiner Mutter habe ich im Sortiment belassen, weil ich den etwas altmodischen Charme und die zarte Ausstrahlung nicht verloren gehen lassen wollte. 'Impromptu' ist ungeheuer reich blühend und hat fast etwas vom Charakter einer Wild-Iris. Obwohl sie nicht mehr dem heutigen Schönheitsideal entspricht, finden auch Sorten wie diese viele Anhänger und Freunde.

Zeppelin (D, 1948)
Blütezeit: mittel
Höhe: 70–80 cm

Let's Boogie

Für diese witzige, völlig neue Farbkombination muss natürlich eine geeignete Umgebung geschaffen werden, zumal die Sorte eine der höchsten ist. In meinen Augen eine sehr amerikanische Züchtung, auf jeden Fall jedoch etwas für Sammler und Liebhaber!

Schreiner (USA, 1997)
Blütezeit: sehr früh
Höhe: 100–110 cm

Mandy G.

Das dunkle Weinrot von
'Mandy G.' wirkt mit den
samtigen Hängeblättern fast
schwarz, der zartgelbe Bart
und die Eleganz des schmalen Domes verstärken die
Dramatik des Auftritts
El Zorro unter den Iris!
Für mich hat diese Sorte
eine sehr männliche Aus-
strahlung!

Beer (D, 1992)
Blütezeit: spät
Höhe: 80–90 cm

Mer du Sud

Hier ist es das wunderbare tiefe Blau, das begeistert und das man so dringend braucht im Garten und für die Seele. Die Blüte hat eine vollkommen ausgewogene Form und duftet nach weißen Lilien. Zu allem Überfluss ist diese Sorte auch noch sehr reich blühend – also ein unbedingtes Muss für jeden Iris-Freund.

Cayeux (F, 1998)
Blütezeit: mittel
Höhe: 80–90 cm

Princesse Caroline de Monaco

Zauberhaft zartes Blau und eine edle Haltung – ganz wie man sich eine Prinzessin erträumt. Dabei doch frech, mit dem roten Bart auf dem hellen Spiegel. Eine sehr reich blühende, zart duftende, beglückende Sorte!

Cayeux (F, 1998)
Blütezeit: sehr früh
Höhe: 90–100 cm

Rare Treat

Diese Iris mit den gerüschten Blüten und dem stark gewellten, schmalen dunklen Rand macht einen angenehm frischen und ausgewogenen Eindruck. Man sollte sie im Beet – oder auch im Strauß – mit kräftigen und klaren Farben kombinieren, um ein Gegengewicht zu dem starken Farbkontrast zu schaffen.

Schreiner (USA, 1987)
Blütezeit: mittel
Höhe: 80–90 cm

Tauchen Sie ein in die erotischen Mysterien
einer Iris-Blüte (hier `Syncopation'),

mit Regentropfen wie mit Perlen geschmückt –
gibt es Aufregenderes? Halten Sie inne!

Royal Crusader

Der amerikanische Iris-Züchter Schreiner ist berühmt für die wunderbaren Blautöne, die er hervorzubringen vermag. Bei dieser Sorte ist dies besonders gut nachvollziehbar. Nicht nur für mich ist Blau immer noch und immer wieder *die* Irisfarbe! Schön kombinieren lassen sich diese Blautöne beispielsweise mit rosa Paeonien oder rosa Salbei.

Schreiner (USA, 1985)
Blütezeit: früh bis mittel
Höhe: 80–90 cm

Snow Mound

Auch diese zweifarbige Sorte ist von berückender Schönheit. Der seidige schneeweiße Dom zusammen mit den purpurvioletten samtigen Hängeblättern zeigt besonders gut, was Züchterarbeit aus den Ressourcen der Natur erschaffen kann.

Schreiner (USA, 1976)
Blütezeit: mittel
Höhe: 80–90 cm

Terre de Feu

Für mich eine der aufregendsten Iris-Sorten überhaupt, mit dem metallisch schimmernden Fleck auf den leuchtend kupferroten Blütenblättern! Die starke Fernwirkung von 'Terre du Feu' sollte man unbedingt ausnützen und sie in größerer Zahl anpflanzen, damit das Feuer wirken kann.

Cayeux (F, 1997)
Blütezeit: früh bis mittel
Höhe: 80–90 cm

Tyrolean Blue

Diese relativ alte Züchtung
besticht noch immer durch
das sehr reine, leuchtende
Mittelblau und die zarte
Zeichnung zum Schlund hin.
Die Blüte ist nicht spekta-
kulär, aber man kann sie viel-
seitigst verwenden und wird
ihrer nie überdrüssig.

Schreiner (USA, 1963)
Blütezeit: früh bis mittel
Höhe: 70–80 cm

Manche der hohen Bartiris erfreuen uns im Herbst mit
einer zweiten Blüte, was uns die Chance gibt, sie in

ungeahnten Kombinationen in der Vase zu vereinen.
Besonders schön und edel ist die Sorte `Champagne Elegance´.

Mittelhohe Bartiris

Die mittelhohe Bartiris hat im Großen und Ganzen die gleichen Eigenschaften wie ihre große Cousine. Allerdings gibt es nicht annähernd eine so große Sortenvielfalt. Auf Grund der kleineren, aber sehr reichen Blüten ist sie vielleicht etwas leichter in Beeten und Rabatten zu integrieren. Zudem sollte man immer eine größere Anzahl von Pflanzen zusammensetzen – das wirkt großzügiger und macht den Gesamteindruck ruhiger.

Bei so einem Bild von oben kann man genau sehen, wie schön der Aufbau der Blüte ist und wie reizvoll. Hier die Sorte 'Tumwater'.

Antarctique

Bei dieser reizenden Sorte
mit weißem Dom und hell-
blauen Hängeblättern, der
zarten Zeichnung zum
Schlund hin und dem hellen
Bart begeistert mich ganz
besonders die beschwingte
Form. Hinzu kommt eine
große Blühwilligkeit und
Wüchsigkeit. Insgesamt eine
reizvolle und sichere Sorte,
auch für Garten-Anfänger.

Cayeux (F, 1993)
Blütezeit: früh
Höhe: 40–50 cm

Avanelle

Auch bei dieser weißen, zart gelb getönten Sorte mit dem gelben Bart ist die Form von eleganter Leichtigkeit. Weiß ist ein wichtiger Mittler für andere Farben in einem Beet und sollte als solcher viel häufiger eingesetzt werden. Natürlich sind auch rein weiße Pflanzungen von großem Reiz und ganz sicher nicht langweilig.

Jones (USA, 1977)
Blütezeit: früh bis mittel
Höhe: 40–50 cm

Bel Azur

Diese für eine Intermedia-Iris relativ hohe Sorte hat ein zauberhaftes helles Blau und eine schöne straffe Form. Sie ist besonders gut verzweigt, wodurch sie sich auch hervorragend zum Schnitt eignet.

Cayeux (F, 1993)
Blütezeit: früh
Höhe: 60–70 cm

Curlew

Wunderschönes helles Gelb
mit etwas Weiß auf den
Hängeblättern – eine mittelhohe Iris in einer der wich-
tigsten Gartenfarben. Die
verhältnismäßig alte Züchtung kann sich sehr gut mit
neueren Sorten messen und
ist eine Bereicherung für
jeden Garten.

Taylor (GB, 1967)
Blütezeit: früh
Höhe: 60–70 cm

Helen Proctor

Hier ist eine perfekte kleine Schönheit, wie aus schwarzblauem Samt geschneidert und von einem herausragenden Couturier geformt. Gut verzweigt und lange blühend, ist sie unverzichtbar für Liebhaber außergewöhnlicher Farbtöne, sowohl im Beet als auch für die Vase.

Briscoe (USA, 1977)
Blütezeit: früh
Höhe: 60–70 cm

Orageux

Dramatisch wie Gewitter
sein können und einzigartig
in der Farbkombination ist
diese Variegata mit dem
kupfergelben Dom und den
samtig-schwarzen Hänge-
blättern. Eine solch extra-
vagante Sorte muss in den
Vordergrund gepflanzt
werden, begleitet von
dezenten Farbtönen, die
ihren Charakter noch
betonen.

Cayeux (F, 1995)
Blütezeit: früh
Höhe: 50–60 cm

Bei starken Persönlichkeiten braucht
es nur Wenig, um die Schönheit zu
unterstreichen – wie hier bei der
dramatischen Iris 'Hot Spice' mit
der ganz frühen Paeonie 'Sunlight':
Ein paar Zweige vom dunkelroten
Perückenstrauch und von der Rotbuche
und ein Sonnenstrahl genügen ...

Rose Harmony

Dom- und Hängeblätter in verschiedenen Lilatönen mit hellem Bart geben dieser Sorte eine sehr elegante Erscheinung. Sie ist ideal für eine Komposition in edlen Pastellfarben geeignet, umrahmt von graulaubigen Begleitern.

Brown (USA, 1967)
Blütezeit: sehr früh
Höhe: 50–60 cm

Silent Strings

Dieses kräftige, reine Hellblau ist ungemein wohltuend für Auge und Gemüt. Sehr elegant der blaue Bart, der zum Schlund hin in Gelb übergeht. Die Stiele tragen drei Blüten von vollendetster Form – eine wirklich perfekte Sorte.

Dyer (USA, 1979)
Blütezeit: früh
Höhe: 40–50 cm

Tumwater

Eine Sorte mit sehr interessanter olivfarbener Zeichnung auf den bläulich überhauchten Blättern. Zusammen mit dem blauen Bart ist sie aufregend und zart zugleich und sollte unbedingt aus der Nähe betrachtet werden können.

Plough (USA, 1972)
Blütezeit: früh
Höhe: 50–60 cm

Vamp

Wie es sich für einen »Vamp« gehört: Geheimnisvoll und aufregend der dunkle Fleck auf dem Purpurrot der Hängeblätter mit dem violetten Bart. Auch wenn es gefährlich erscheinen mag – diese Sorte will von Nahem gesehen werden!

Gatty (USA, 1972)
Blütezeit: früh
Höhe: 50–60 cm

Zwergiris

Zwergiris sind nach einigen Zwiebel-Iris die frühesten Schwertlilien, sie blühen bereits Anfang April. Für jeden Steingarten stellen sie eine wichtige Bereicherung dar, sind anspruchslos und dennoch überzeugend mit einer immer breiter und interessanter werdenden Farbpalette. Noch mehr als ihre großen Vettern und Cousinen brauchen sie durchlässigen Boden (eventuell mit Sand mischen) und einen sonnigen Standort. Je nach Stiellänge eignen sie sich auch für die ersten kleinen Frühlingssträuße aus dem eigenen Garten.

Zwergiris eignen sich wunderbar für Gefäße, in denen man einen Miniatursteingarten nachbilden kann. Hier eine wunderschöne Frühlingskombination verschiedener Sorten, dazu Dachwurz-Rosetten, Frühlingsplatterbse und farblich passende Aubrietien.

Crystal
Bright

Erstaunlich, welche Aus-
strahlung eine so kleine
Pflanze haben kann. Hier
zeigt der strahlend schöne,
große gelbe Fleck auf den
weißen Blättern in wunderschön bewegter Form, wie
viel Leuchtkraft möglich ist.

Brown (USA, 1972)
Blütezeit: früh
Höhe: 20–30 cm

Demon

Wirklich dämonisch wirkt
diese Sorte mit den rötlich-
schwarzen Blüten und
dem helleren Bart. Da hier
sogar bis zu vier Blüten
an einem Stiel sind, eignet
sich 'Demon' auch sehr gut
zum Schnitt.

Hager (USA, 1972)
Blütezeit: spät
Höhe: 20–30 cm

Dunlin

Diese entzückende Plikata in
Miniaturform sollte man unbedingt in eine Schale pflanzen, vielleicht mit farblich
passenden Aubrietien. So
kann man die zarte Zeich-
nung in Blauviolett auf
Weiß in Ruhe von Nahem
betrachten.

Taylor (GB, 1981)
Blütezeit: früh
Höhe: 15 cm

Eyebright

Eine sehr ausdrucksvolle Persönlichkeit in tiefem Gelb mit fast tigerartigen braunen Streifen auf den Hängeblättern. Die reizende Form, der Duft und die große Leuchtkraft wirken hier ungemein bestechend.

Taylor (GB, 1980)
Blütezeit: früh
Höhe: 25 cm

Gingerbread Man

Sehr apart wirkt bei dieser
Sorte der leuchtend blaue
Bart auf den goldbronze
überpuderten hellbraunen
Blättern. Ein »Hingucker«
für jeden Steingarten!

Jones (USA, 1968)
Blütezeit: früh
Höhe: 30 cm

Hamburger Michel

Diese kontrastreiche Varie-
gata-Iris in warmem Gelb
mit dunkelbrauner Zeich-
nung eignet sich auch
wegen der Stiellänge sehr
gut zum Schnitt. Außerdem
kann man die schöne Zeichnung in einem Strauß ganz
anders erleben.

Denkewitz (D, 1980)
Blütezeit: früh
Höhe: 35 cm

Marhaba

Ganz reizend ist hier das
einheitliche Violett mit
dem weißen Bart bei der
besonders zierlichen Blüte.
'Marhaba' wirkt besonders
gut in einer Schale, zusammen mit anderen Steingar-
tenpflanzen als Miniatur-
landschaft gepflanzt.

Taylor (GB, 1970)
Blütezeit: früh
Höhe: 20 cm

Orange Tiger

Dieser Zwerg-Tiger verfügt über eine erstaunliche Leuchtkraft durch das tiefe Lachsorange und den krapproten Bart. Auch hier gibt es wie bei manch anderen Zwergiris mehrere Blüten an einem Stiel.

Jones (USA, 1988)
Blütezeit: früh
Höhe: 25 cm

Hier wurde die zauberhafte Miniatur-Sorte
'April Ballet' mit Kirschblütenzweigen und zartem

Frühlingsgrün kombiniert. Sie ist eine der ersten Sorten,
die blüht – ideal für einen Frühlingsstrauß im Haus!

Plum Lucky

Diese Sorte sollte in ein
Hochbeet gepflanzt werden,
damit man sie genussvoll
betrachten kann: der Dom
pflaumenblau, die Hänge-
blätter samtig dunkelviolett
mit braunem Spot und
blauem Bart – ein kleines
Meisterwerk!

Lankow (USA, 1994)
Blütezeit: früh
Höhe: 25 cm

Ruby Contrast

Überaus elegant wirkt hier die Kombination der beiden Mahagoni-Töne mit dem auffallend blauen Bart. Hinzu kommt noch ein zarter Duft – eine Sorte, von der Iris-Liebhaber begeistert sind.

Brown (USA, 1971)
Blütezeit: früh
Höhe: 30 cm

Starry Eyed

Reizend und ganz frisch in der Wirkung sind hier der weiße Dom und die leuchtend blauen Hängeblätter mit strahlenförmigem weißen Zentrum und zartem weißem Rand. Eine Zwergiris mit sehr schöner, straffer Form.

Gatty (USA, 1975)
Blütezeit: spät
Höhe: 20 cm

Stockholm

Etwas ganz Besonderes ist
diese Sorte mit dem klaren
Hellgelb und dem dezent
kontrastierenden, vorne
blauvioletten, nach hinten zu
orangefarbenen Bart. Die
wunderschöne Form und die
verzweigten Stiele verführen
geradezu zum Schnitt.

Waburton (USA, 1972)
Blütezeit: früh
Höhe: 35 cm

Wieseniris

Die Sibirische Wieseniris *(Iris sibirica)* ist an vorwiegend feuchten Standorten heimisch. Ihre ursprüngliche Farbe ist Blau; durch Züchtung hat man inzwischen die Blautöne vervielfacht, außerdem gibt es nun auch weiße, zartgelbe und neuerdings rosa und weinrote Töne in ein- und zweifarbigen Sorten. Diese sehr grazil wirkende Iris bezaubert mit ihren fast schwebenden, zarten Blüten und gehört ihrer gesamten Erscheinung nach in edlere, pastellige Pflanzungen. Sie kann auch im leichten Schatten stehen, wo man sie gut mit interessanten Blattformen kombinieren kann, da das grasartige Laub den ganzen Sommer über dekorativ ist.

Einige Sibirica-Sorten eignen sich gut zum Verwildern, beispielsweise 'Elfe', 'Mrs. Rowe' oder 'Superba'.

Chilled Wine

Sehr grazil wirkt diese weinrote Blüte mit blauer Mitte
im Hängeblatt. Die Stiele
sind hübsch verzweigt und
nicht allzu hoch, sodass sich
diese Wieseniris gut auch im
Vordergrund einer Pflanzung
einsetzen lässt.

Hager (USA, 1981)
Blütezeit: früh
Höhe: 50–60 cm

Dreaming Yellow

Die großen, elfenbein-
weißen Blüten mit dem
gelben Schlund wirken wie
fliegende Tänzerinnen,
äußerst elegant und zart.
Da es Sibirica-Iris etwas
feuchter lieben, lässt sich
diese zarte Gestalt gut auch
am Teichrand einsetzen.

McEwen (USA, 1969)
Blütezeit: spät
Höhe: 70–80 cm

My Love und Soft Blue

Wie hier sehr gut zu sehen ist, kann man verschiedene Blautöne gut zusammensetzen: Die kräftig hellblaue 'My Love' mit der feinen Zeichnung auf den Hängeblättern und 'Soft Blue' in lichtem Hellblau, deren gut verzweigte Stiele etwas niedriger sind. Nicht nur im Beet, auch im Strauß macht sich solch eine Kombination sehr gut.

'My Love': Scheffy (USA, 1949)
Blütezeit: früh
Höhe: 90–100 cm

'Soft Blue': McEwen (USA, 1978)
Blütezeit: sehr früh
Höhe: 90–100 cm

Sultan's Ruby

Diese bemerkenswerte tief weinrote Sorte hat eine erstaunliche Fernwirkung – nicht zuletzt durch den großen weißen Fleck auf den Hängeblättern. Außerdem besticht sie durch die schöne goldene Schlundzeichnung. Sie ist gut verzweigt und äußerst reichblühend und hat in den USA die höchste Auszeichnung erhalten.

Hollingworth (USA, 1988)
Blütezeit: mittel
Höhe: 80–90 cm

Ein Blau wie hier von 'Caesar's Brother' (oder von
'Deep Shade') lässt sich mit fast allem kombinieren

und ist einfach immer wunderschön. Man kann damit
sogar so etwas wie einen Wiesenblumenstrauß machen.

Steppeniris

Der Auftritt von *Iris spuria*, der Steppeniris, kann sehr dramatisch sein. Selbst ohne Blüten sind die straffen, schwertförmigen Blätter schön und elegant und können zur Strukturbildung in größeren Rabatten einen interessanten Beitrag leisten. Spuria-Iris blühen im Anschluß an die Bartiris, sodass man durch sie auch die Iris-Blühperiode verlängern kann. Die Pflanze ist außerordentlich trockenheitsverträglich und möchte einen sonnigen Standort haben. Es empfiehlt sich die Herbstpflanzung: Das Rhizom 5–10 cm tief in normale Gartenerde setzen. Einmal gepflanzt, möchte die Steppeniris einige Jahre ungestört am gleichen Platz stehen.

Die straff aufrechten Domblätter verstärken den grafischen Gesamteindruck der Steppeniris (hier die Sorte 'Premier') – mit dem frischgrünen Laub eine Augenweide.

Countess Zeppelin

Der Züchter hat diese Sorte zwar zu Ehren meiner Mutter getauft, doch leider muss ich gestehen, dass sie nie so recht von ihr begeistert war. Ich selber habe mich dann aber doch ganz plötzlich für sie entschieden, in einem sehr regenreichen, heißen Jahr, und sie in fast alle meine Sträuße eingebunden. So geht es uns häufig mit Züchtungen: Lange Zeit werden sie übersehen, und dann auf einmal liebt man sie.

Hager (USA, 1987)
Blütezeit: mittel
Höhe: 90–100 cm

Ethic

Im Gegensatz zu dem Kastanienbraunrot der 'Countess Zeppelin' ist hier die ganze Blüte mit einem Hauch von Lavendelblau überzogen. Die gelbbraunen Adern auf den Hänge- blättern verleihen ihr dazu eine ungemein starke Ausdruckskraft.

Ghio (USA, 1978)
Blütezeit: spät
Höhe: 100–110 cm

Proverb

Sehr interessant ist bei dieser Sorte das leuchtende Violett der Domblätter, das sich am Rand der sonst gelben Hängeblätter wiederholt. Besonders besticht 'Proverb' jedoch durch die sehr schöne, grafisch wirkende Zeichnung.

Ferguson (USA, 1971)
Blütezeit: früh
Höhe: 90–100 cm

Sahara Sands

Hier eine gänzlich andere
Farbgebung für eine
Steppeniris – wundervoll
warmes Goldbraun mit
intensiv gelbem Saftmal
auf den Hängeblättern.
Je heißer der Sommer,
desto größer die Leuchtkraft
dieser Sorte – ganz wie der
Name es verspricht.

Niswonger (USA, 1976)
Blütezeit: mittel
Höhe: 100–110 cm

Bei diesem Arrangement wollte ich zeigen, dass man die streitbaren Steppeniris sehr wohl in der Vase bändigen kann. Selbst ausgefallene Farben bilden letztendlich ein harmonisches Ganzes, man muss nur Mut beim Kombinieren haben!

Sarong

Wunderschön und exotisch wie eine indische Seide wird diese Sorte ihrem gleichfalls ausgefallenen Namen gerecht. Die breiten Hängeblätter sind mit einem gelbem Saftmal versehen und von purpurnen Adern durchzogen – eine echte Bereicherung für jeden Gartenliebhaber.

Hager (USA, 1974)
Blütezeit: früh
Höhe: 100–110 cm

Sunny Day

Diese Sorte trägt ihren Namen ganz zu Recht, so viel Leuchtkraft strahlt sie aus. Dabei ist sie eine der ältsten Spuria-Züchtungen, und äußerst reich blühend noch dazu! Mit ihr könnte man sich durchaus vorstellen, einmal nur verschiedene Gelbtöne mit Weiß im Beet zu kombinieren.

Sass (USA, 1931)
Blütezeit: früh
Höhe: 100–110 cm

Zwiebel-Iris

Erstaunlicherweise sind die vielen Arten der Zwiebel bildenden Iris weit weniger bekannt als die Rhizom-Iris. Dabei kann die Freude an den gelb und blau blühenden, vorwitzig aus dem Schnee herauslugenden Blüten so unglaublich sein! Unter der Vielzahl an Arten – viele nur etwas für Spezialisten – sollten *Iris danfordiae* und *Iris reticulata* in keinem Vorfrühlingsgarten fehlen. So fein und zierlich sie wirken, wünschen sie sich doch recht festen Boden und trockenen Standort im Sommer. Die Pflanzung in Schalen und Töpfen auf längere Zeit ist nicht zu empfehlen, da hier sonst zu viele kleine Brutzwiebeln gebildet werden, die die Blühfähigkeit beeinträchtigen.

Entzückende kleine Kostbarkeiten sind die Zwiebel-Iris, die als erste Frühlingsboten aus der Erde treiben.

Iris danfordiae

Die butterblumengelbe *Iris danfordiae* zeigt eine der ersten Blüten im Jahr überhaupt. Die Blüte dieser Wildart wird nur 10–20 cm hoch und erscheint vor dem Laubaustrieb. Erst mit dem Verblühen treiben die Blätter, die die Kraft für die Blüte des nächsten Jahres sammeln. Den ganzen Sommer über wird eine Ruheperiode eingelegt, in der ein trockener Standort wichtig ist.

Blütezeit: Feb–März
Höhe: 10–20 cm

Iris reticulata

Im Gegensatz zu ihrer gelben Verwandten wurde diese Art züchterisch bearbeitet. Dadurch entstand eine Farbpalette von Eisblau über tiefes Blau (wie bei der abgebildeten Sorte 'Harmonie') bis hin zu Dunkelviolett. Auch die Blühfreudigkeit wurde dabei verbessert, sie ist nun um einiges größer als bei der Wildart.

Blütezeit: März
Höhe: 10–20 cm

Für Blumenfreunde ohne Garten ist die
Holland-Iris oft die einzige bekannte Iris.

*Sie begeistert als beliebte Schnittblume
in ungeahnten Farbvariationen.*

Die Staudengärtnerei Gräfin von Zeppelin wurde 1926 von meiner Mutter gegründet, die ob ihres Engagements und der züchterischen Arbeit für die Iris denNamen »Iris-Gräfin« erhielt.
Inzwischen habe ich die Leitung des Betriebes übernommen und führe ihn, möglichst in ihrem Sinne,

weiter. Die Iris ist nach wie vor unsere wichtigste Spezialität, und wir haben zur Zeit 350 Sorten im Katalog.

Die wunderbare Lage der Gärtnerei inmitten von Weinbergen, am Fuße des Schwarzwalds, und die beglückende Atmosphäre einer alteingewachsenen Anlage mit vielen Kostbarkeiten führt jährlich viele Tausende von Menschen zu uns.

Aglaja von Rumohr

Informationen: Staudengärtnerei Gräfin von Zeppelin
79295 Sulzburg-Laufen/Baden • Tel. 0 76 34/6 97 16, Fax 65 99 • www.graefin-v-zeppelin.com

Sortenverzeichnis

Die deutsche Bibliothek –
CIP-Einheitsaufnahme

Ein Titelsatz für diese Publikation ist bei Der Deutschen Bibliothek erhältlich.

BLV Verlagsgesellschaft mbH
München Wien Zürich
80797 München

Das Werk einschließlich aller seiner Teile ist urheberrechtlich geschützt. Jede Verwertung außerhalb der engen Grenzen des Urheberrechtsgesetzes ist ohne Zustimmung des Verlags unzulässig und strafbar. Das gilt insbesondere für Vervielfältigungen, Übersetzungen, Mikroverfilmungen und die Einspeicherung und Verarbeitung in elektronischen Systemen.

© 2001 BLV Verlagsgesellschaft mbH, München

Texte: Aglaja von Rumohr
Bildnachweis: Alle Fotos von Ulrike Romeis

Umschlaggestaltung: Studio Schübel, München
Umschlagfotos: Ulrike Romeis.
Vorderseite: 'Bal Masqué', Rückseite: 'Orageux'

Layoutkonzept Innenteil: Anton Walter, Gundelfingen
Lektorat: Dr. Thomas Hagen
Herstellung: Angelika Tröger
Layout und DTP: Anton Walter, Gundelfingen
Reproduktionen: Repro Ludwig, Zell am See

Druck: Appl, Wemding
Bindung: Conzella, Aschheim
Gedruckt auf chlorfrei gebleichtem Papier

Printed in Germany • ISBN 3-405-16208-4

Inspirationen für die Gartengestaltung

Gestaltung der verschiedensten Gartenbereiche mit Duftpflanzen; mit Hinweisen zu Duftintensität und Duftcharakter bei jeder Pflanze.

Blütenzauber
Fantastische Blüten – perfekt inszeniert in exzellenten Porträtfotos als Close-ups und in ihrer natürlichen Umgebung; Geschichte und kultureller Hintergrund; Kurzinfos zu Standort, Pflege, Blütezeit.

Robert Markley
Die BLV Rosen-Enzyklopädie
Das einzigartige Standardwerk, das in Inhalt und Ausstattung neue Maßstäbe setzt: das komplette Know-how rund um die Rose mit einer Fülle von Beispielen für die Gartengestaltung.

Helga Urban
Ein Garten der Düfte
Duft und seine Bedeutung für den Garten, der Zusammenhang zwischen Duft und Farbe, die

Marylyn Abbott
Licht und Farbe im Garten
Animation und Information zugleich – der Bildband für anspruchsvolle Gärtner: die Wirkung von Licht und Schatten, von hellem und gedämpftem Licht, von leuchtenden und gedeckten Farben.

Im BLV Verlag finden Sie Bücher zu den Themen: Garten und Zimmerpflanzen • Natur • Heimtiere • Jagd und Angeln • Pferde und Reiten • Sport und Fitness • Wandern und Alpinismus • Essen und Trinken

Ausführliche Informationen erhalten Sie bei:
**BLV Verlagsgesellschaft mbH • Postfach 40 03 20 • 80703 München
Tel. 089 / 127 05-0 • Fax 089 / 127 05-543 • http://www.blv.de**

3,-
0125